LE ROI RÈGNE

ET

NE GOUVERNE PAS,

PAR L'AUTEUR DE

FEU

TIMON.

Permis de discuter Dieu, défendu de
discuter Louis-Philippe.

CORMENIN.

50 centimes.

PARIS.

EN VENTE : RUE COLBERT, 4.
Près la Bibliothèque Royale.

—

1846.

LE ROI RÈGNE

ET

NE GOUVERNE PAS.

Imprimerie de Madame DE LACOMBE,
Rue d'Enghien, 12.

LE ROI RÈGNE

ET

NE GOUVERNE PAS,

PAR L'AUTEUR DE

FEU

TIMON.

> Permis de discuter Dieu, défendu de
> discuter Louis-Philippe.
>> DE CORMENIN.

PARIS.

EN VENTE : RUE COLBERT, 4.

Près la Bibliothèque Royale.

—

1846.

LE ROI RÈGNE

ET

NE GOUVERNE PAS.

———

Cette maxime écrite avant 1830 par le *National* sert aujourd'hui de drapeau au visir du 1ᵉʳ mars. C'est encore là une fiction constitutionnelle dans un gouvernement qui n'est que fiction. Le temps des *réalités* n'arrivera-t-il donc jamais? M. de Cormenin, cet esprit *oseur* qui fit autrefois une si rude guerre aux *dotations* et à la *liste civile* écri-

vait en 1832 — « liberté absolue d'examen
« pour les choses religieuses ; interdiction
« absolue d'examen pour les choses politi-
« ques. *Permis de discuter Dieu, défendu*
« *de discuter Louis-Philippe.*

« Mais, dit-on, Louis-Philippe est irres-
« ponsable. — Pourquoi ? — Parce qu'il ne
« peut mal faire. — Mais pourquoi ne peut-
« il mal faire ? — Parce qu'il ne peut que rê-
« gner. — Mais si au lieu de régner, il gou-
« verne, sera-t-il encore irresponsable ? Non,
« dites-vous. Je pourrai alors le discuter ? —
« Sans doute. — Eh ! bien laissez-moi éta-
« blir qu'il gouverne au lieu de régner, et si
« j'y parviens, j'en conclurai qu'il n'est pas
« irresponsable, et. . . . .

Halte-là ma plume ! vous n'avez pas le droit
de faire ce que fait M. Thiers dans le *Cons-*
titutionnel et de transcrire M. de Cormenin
(celui de 1832).

Mais pourquoi dans la même question le *Constitutionnel* ne peut-il avoir raison, tandis que la logique du pamphlétaire de 1832 est irréfutable ? C'est que M. de Cormenin parlait au nom d'un principe, la *souveraineté du peuple*, et que M. Thiers parle au nom de son ambition.

En 1832, la France vivait, aujourd'hui son son cœur a cessé de battre ; sa léthargie ressemble plus encore à la mort qu'au sommeil.

Les grands pouvoirs de l'Etat se sont eux-mêmes affaissés, la Chambre des députés décimée par l'égoïsme personnel et la corruption, se voit tous les jours accusée de se mêler trop ouvertement aux intérêts matériels. Le parti légitimiste meurt faute d'avenir, son seul orateur, M. Berryer, ne fait plus retentir la tribune. La gauche lutte en vain avec courage, l'opposition dynastique compromise par M. Thiers n'a plus d'écho dans le pays, un seul homme a conservé le pouvoir de se faire écouter, ne servant aucun parti, mais les dominant tous, il a écrit sur son drapeau. — *Pour Dieu, la France et la liberté!* — J'ai nommé M. de Lamartine!

Eh bien! l'élévation de son caractère, la noblesse de ses sentiments, n'ont pu le défendre des injures des séïdes ministériels de province, M. de Lamartine a été signalé au zèle de M. Hébert comme le complice moral du misérable assassin de Fontainebleau, il est vrai que M. Thiers était accusé en même temps.

Quel délire s'était donc emparé des courtisans, une pareille accusation était une infamie contre M. de Lamartine, c'était une maladresse contre M. Thiers.

Le crime des deux hommes d'état était la révélation du gouvernement personnel. M. de Lamartine avait dit dans un écrit célèbre en

parlant d'un parti : — Une tête cachée der-
rière le nuage sacré des fictions constitu-
tionnelles, lui fait comme *Numa*, sa pensée
permanente et sa politique continue. » Il s'é-
tait ensuite posé ce dilemme : « Depuis 1834,
qui est-ce qui grandit, de la royauté ou de la
démocratie ? Quel est le principe qui dévore
l'autre sous les yeux, et sous les yeux sou-
vent aveuglés de l'opposition ? Pouvez-vous
le demander en face d'une loi électorale qui
restreint à deux cents mille citoyens, l'exer-
cice de la pensée, du droit, de la souveraineté
populaires ? Pouvez-vous le demander en face
du code qui supprime l'association entre citoyens, soit pour se communiquer la pensée
de Dieu, soit pour s'entretenir du salut de
l'Etat ou de la propagation de leurs idées
communes ? Pouvez-vous le demander en
face des lois sur la presse, ce verbe du peuple, incriminé et saisissable jusque dans l'ins-
trument matériel de l'imprimeur ? Pouvez-

vous le demander en face des lois qui suppriment le jury, ce jugement du peuple, pour les crimes politiques et même pour les crimes de la pensée? Pouvez-vous le demander en face des lois de septembre? Pouvez-vous le demander en face de la loi de régence, qui supprime d'avance et à jamais la volonté du peuple dans le choix de son roi temporaire? Pouvez-vous le demander enfin en face des fortifications de Paris, poids de deux mille pièces de canon, qui rompt à jamais l'équilibre entre la prérogative du roi, chef de l'armée, et la prérogative du peuple délibérant dans un camp? Non, vous ne le pouvez pas de bonne foi! »

M. de Lamartine avait dit enfin, *des principes et point de partis*. A la honte de la presse et des chambres, M. de Lamartine n'avait pas été compris. Depuis seize ans, une pensée puissante a voulu tuer les principes en

leur substituant des noms propres. Les
hommes politiques sont trop habitués à cette
petite guerre pour en changer. M. de Lamar
tine fut plus que jamais un *rêveur* ; on lut
son article comme une production littéraire
remarquable... par le style. On attaqua l'écrivain qui avait tiré sur l'opposition pour la ré-
veiller. Il eut été difficile de se justifier... on
accusa.

La guerre *personnelle* continua comme par
le passé ; l'opposition se subdivisa en mille
nuances, et ne sut pas avoir une couleur ;
elle aurait pu prendre un drapeau, elle pré-
féra se présenter avec des mouchoirs de poche... Elle fut vaincue !...

Le 17 mars, M. Thiers s'écriait : « — Ce
que nous voulons c'est le gouvernement représentatif dans sa vérité rigoureuse : et
M. Guizot me comprend nous avons soute-

nu ce principe ensemble. (Longu e interrup-
tion).

« C'est la vérité du gouvernement représentatif qui rend le gouvernement si régulier
et si facile en Angleterre. Il y a en Angleterre une question immense, la loi sur les
céréales : eh ! bien ! je n'ai jamais entendu
dire, la reine veut ou ne veut pas cette mesure, la reine veut ceci ou cela ; *on dit sir*
Robert Peel veut telle mesure, lord John
Russel en veut telle autre ; c'est que dans ces
deux hommes s'est personnifiée toute une
opinion du pays.

« Ce gouvernement là, Messieurs, je l'ai
voulu dès ma jeunesse, j'étais bien inconnu
alors, et j'avais compris que de deux hommes
placés bien haut, *l'un devait cesser de régner un jour*, cela s'explique par un mot que
j'ai écrit dès 1829 : *Le roi règne et ne gouverne pas.*

« Quoi ! le gouvernement représentatif serait impossible en France. Eh ! IL FALLAIT LE DIRE EN JUILLET 1830, quand nous avons engagé notre tête sur une protestation ; il fallait nous dire que nous poursuivions une chimère.

« Quand à moi, je me rappelle ces paroles d'un célèbre écrivain allemand, qui disait : « Je placerai mon vaisseau sur un promon- « toire qui domine le rivage ; j'attendrai que « la mer en montant vienne le mettre à flot. » Je ne crois pas que je place mes opinions sur un terrain très élevé, en effet, mais je ne crois pas que ce terrain soit inaccessible. »

M. Thiers prononçait le 17 mars son beau discours sur les incompatibilités. Le 16 avril un misérable domestique tirait sur le roi. C'était une vengeance de valet renvoyé ; les courtisans en firent un attentat. M. Cuvillier Fleury (je dois son nom aux mépris des honnêtes gens), écrivit dans le *Journal des Débats* ces mots :

« Contre les rois, il n'y a pas de crimes privés. Quand on tire sur le roi, si ce n'est pas le résultat d'un complot, si ce n'est pas le crime d'un parti, si c'est celui d'une perversité isolée, qui n'a demandé qu'a elle-même l'audace de concevoir et l'affreux courage d'exécuter, le crime lui-même peut n'être que le fait de l'homme ; les inspirations viennent du dehors. »

L'intention de l'écrivain d'anti-chambre était évidente ; on voulait se servir de l'attentat pour faire les élections. Le code de septembre était sorti de la machine de Fieschi. Un CODE GUIZOT pouvait sortir de la carabine de Lecomte.

Le Courrier de la Gironde disait : « le discours de M. Thiers n'a pas tardé à porter ses fruits. Le *Journal des Débats* ajoutait à son tour :—« Il est probable que M. Thiers, s'il avait aujourd'hui à prononcer son discours, y changerait beaucoup de choses après ce qui vient de se passer à Fontainebleau... L'évènement a prouvé qu'il n'y a jamais d'à-propos à faire de l'esprit contre la royauté dans notre temps ; les épigrammes sont trop exposées à se rencontrer avec un coup de fusil. »

Les journaux ministériels de province avaient reçu le mot d'ordre. Ils attaquèrent avec autant de brutalité que de haine et de maladresse, l'opposition et la charte elle-même.

Un M. Duprat remplissant les fonctions de préfet du Gers, osa écrire dans une circulaire aux maires : — « Messieurs, le roi n'a qu'une vie et la France est couverte d'assassins qui cherchent à la lui ravir, etc. »

Le misérable qui écrivait une pareille infamie ne fut pas déféré aux tribunaux ou envoyé dans une maison de fous... Il ne calomniait que la France !...

Le journal des Débats avait perdu toute dignité, au point de mériter ces paroles de M. Guizot : — « Il n'y aura bientot plus un seul journaliste digne d'un coup de chapeau. » Le journal des Débats, dans son fétichisme monarchique écrivait : — « ne disons pas d'un air insoucient : ce n'est rien ! c'est un domestique qui a voulu tuer le maître de la maison... la maison c'est la France. »

La maison, n'est pas la France, c'est le chateau, vous en êtes valet, nous ne le sommes pas. Il n'y a plus de sujets en France, il n'y a que des citoyens. Nous avons un roi, nous n'avons pas un maître et nous sommes tous égaux devant le premier des pouvoirs — la loi !..

Ne calomniez pas, ne dites pas : — « L'idée

du crime prouve que l'esprit révolutionnaire
a encore des seïdes. » le crime de Lecomte
a provoqué l'indignation et le dégoût, dans
tous les partis, dans toutes les classes ; vous
l'avez exploité, comme vous aviez exploité le
deuil, comme vous aviez dit autrefois que le
poignard de Louvel était une idée libérale...
Et vous vous dites royaliste ! Ce sont des
royalistes comme vous qui perdent les monarchie vous vous croyez des Pitt ou des Fox ? et
vous n'êtes que des Polignac !... les Polignacs
de la Presse, les serviteurs inintelligens d'une
camarilla.

Le journal des Débats a encore une pensée,
il veut fermer la tribune à toute révélation.

La discussion des principes est interdite à
la Presse, car si la charte a dit qu'on pouvait
exprimer sa pensée EN SE CONFORMANT AUX
LOIS. Ces derniers mots ont été compris et
ont rendus illusoires les premiers, les lois de

septembre sont venues après la charte, et comme a dit M. de Cormenin ; *« Il est permis de dire tout ce que l'on veut, mais à la condition de ne ponvoir le dire impunément. »* Une presque-liberté restait encore, bien qu'enveloppée dans le style parlementaire, le journal des Débats veut en finir aussi avec elle ; écoutons le, donner de sages conseils anx tribuns.

« Nous avertirons les hommes politiques de respecter scrupuleusement les bornes que la charte a mises à la liberté de discussion, et de se souvenir quand par une malheureuse témérité d'esprit, pour briller à la tribune ou pour regagner une triste popularité, ils seraient tentés de faire remonter leurs attaques jusqu'au trône, qu'il y a peut-être un fanatique qui les écoute et prépare son coup ! »

Finissons en avec tant de perfides insinuations, M. de Lamartine les a dédaignées, M. Thiers s'y est arrêté ; le Constitutionnel à opposé d'abord M. Duvergier de Hauranne a M. Cuvillier Fleury, puis M. Guizot s'est trouvé en face M. Thiers.

Le ministre du 1ᵉʳ mars a mis en avant son fameux adage : le roi règne et ne gouverne pas. M. Guizot y a répondu dans le *Porte-feuille, Gazette Diplomatique,* par cette note que nous nous faisons un plaisir de citer :

« Le roi règne et ne gouverne pas, cela veut dire que l'homme placé si haut par la nation, doit abdiquer en recevant la couron-ne, toute volonté et toute intelligence. Il nomme les ministres, il convoque les Cham-bres, il commande les armées, il déclare la guerre, traite de la paix, mais il ne gouverne pas ; on lui donne une liste civile, c'est fort bien, mais il n'a rien autre chose à faire qu'à la dépenser comme il l'entend, il réalise ainsi le beau idéal du gouvernement parlementai-re ; et la nation, qui est intelligente, qui est logique surtout, se demande à la vue de ce roi que Napoléon a qualifié d'une façon si énergique, à quoi il sert, et pourquoi, s'il faut absolument une abstraction couronnée, on ne met pas tout de suite sur le trône un mannequin qui ne servirait pas plus, mais qui couterait beaucoup moins. »

C'est puissament raisonner, et nous n'avons pas assez de sanglots pour déplacer le sort de ce malheureux roi qui serait réduit : à recevoir une liste civile, à la garder ou à la dépensér, à nommer ses ministres, convoquer les Chambres, commander les armées et traiter de la Paix ou de la guerre... Le Portefeuille trouve qu'une pareille part de pouvoir, n'est pas digne d'un roi... Le *Portefeuille* a raison. Nous sommes de son avis.

La comédie va s'ouvrir maintenant entre Trissotin et Vadius ; comme dans *Pompée*, une ombre illustre remplit toute la scène sans y paraître : écoutons, il va s'y révéler des des secrets importants.

Notre comédie n'a que trois personnages; mais on pourrait en voir un quatrième dans la coulisse.

En attendant faisons connaître nos deux acteurs. M. Thiers va nous tracer le portrait de M. Guizot :

. . . .

« Trahir ses amis où se jetter dans leurs bras, selon leur nombre et leur degré de puissance; flatter en haut, flatter en bas, à mesure que le pouvoir se déplace; se faire tour à tour courtisan, tribun, guerrier, paci- fique; distinguer sa signature de sa parole et les dépêches que l'on a volontairement trans- mises de celles qu'on a écrites; voilà la vraie gloire, voila l'honneur véritable! quel cas peut-on faire d'un homme d'état qui donne sa démission s'il n'est plus libre (1) et qui tient moins au pouvoir qu'à ses avis? Il n'est pas besoin de gouverner quand on est ministre? Changer, plier, obéir, servir pour l'apparence du pouvoir, *omnia serviliter pro dominatione*, voilà la maxime de l'homme d'État; corrompre son pays comme Walpole; l'avilir comme Maurepas, qu'importe pourvu qu'on garde longtemps le pouvoir?

M.-THIERS.

M. Louis Blanc s'exprime ainsi :

« M. Guizot, homme sec et hautain tout en-
« tier à son orgueil, passionné sous les dé-
« hors du calme. A son front noble, mais
« triste, à sa lèvre séchement découpée, à
« son sourire rempli d'un froid dédain, à un
« certain affaiblissement du corps, révélateur

(1) En 1840, M. Thiers donna sa démission à cause des affaires d'Orient.

« des troubles de l'âme, il était aisé de le
« reconnaître. Nous l'avons vu depuis dans
« les assemblées : on distinguait de loin entre
« toutes les autres figures, sa figure bilieuse
« et altérée. Provoqué pas ses adversaires,
« il fixait sur eux un regard prompt à lancer
« l'insulte, et il relevait sa tête sur sa taille
« voutée, avec une indicible expression de
« colère et d'ironie. Protestant et professeur,
« son geste peremptoire son ton dogmatique
« lui prêtaient quelque chose d'imdomptable ;
« *sa fermeté pourtant était toute dans les*
« *apparences* au fond c'était un esprit sans
« activité et dont la volonté manquait de vi-
« gueur sa suite même que l'on remarquait
« dans les écrits de M. Guizot tenait de l'obs-
« tination du maître qui ne veut pas se con-
« tredire devant ses élèves. *On le jugeait*
« *cruel : il ne l'était peut-être que dans ses*
« *discours ;* mais par raffinement d'orgueil il
« aimait à se compromettre, et lui qui volon-

« tiers laissait ignorer ses vertus, il avait des
« vices d'apparat. »

« La versatilité de sa conduite politique
« n'était en 1830, un mystère pour personne,
« et le souvenir de son rôle de 1818 lui *avait*
« *attiré de vives attaques.* Il s'en inquié-
« tait peu. Fidèle dans ses amitiés pour que
« nul n'eût à se repentir d'avoir compté sur
« sa fortune, il avait toujours affecté de mé-
« priser ses ennemis, afin qu'on ne le soup-
« çonna pas de les craindre. Son talent con-
« sistait a dissimuler sous la solennité de l'ex-
« pression et la pompe des formules une ex-
« trême pauvreté de vue et des sentimens
« sans grandeur. Sa parole cependant avait
« de l'autorité ; et son désintéressement, la
« gravité de sa vie, ses vertus domestiques,
« l'austérité de ses manières, lui donnaient
« du relief au milieu d'une société frivole et
« cupide. ajoutez a cela qu'il avait comme Ca-

« simir Perrièr, l'art d'énnoblir les vulgaires
« desseins et de *servir en parraissant ré-*
« gner. »

Louis Blanc.

(Histoire de dix ans.)

Saint-Simon s'est chargé du portrait de M.
Thiers : — « Rémond, dit le caustique écrivain fut introducteur des ambassadeurs ;
comme il devint un espèce de petit person-
nage, et un subalterne très dangereux ; il est
à propos de le faire encore mieux connaître.
Il était fils de Rémond, fermier-général,
connu sous le nom de Rémond-le-diable. *Ce
fils était un petit* homme qui n'était pas ache-
vé de faire, et comme un biscuit manqué,
avec des vilains traits et comme un homme
réveillé en pleine nuit en sursaut. Il avait
beaucoup d'esprit ; il avait aussi de la lecture

et des lettres, et encore plus *d'effronterie,*
d'opinion de soi et de mépris des autres,
Il se piquait de tout savoir, prose, poésie,
philosophie, histoire, même galanterie, ce
qui lui procura force ridicule, aventures et
brocards. Il fut le savant des uns, le confi-
dent et le commode des autres, et de plus
d'une façon, et ne cachant pas la déplorable
manie de rapporteur quand on le voulut et
que cela lui parut utile. Il s'attacha surtout à
l'Abbé-Dubois, dont il allait disant pis que
pendre, pour faire parler les gens et le lui
aller redire ; enfin, à STAIRS dont il devint le
panégyrite et l'homme à tout faire. *Sa sou-*
plesse, l'ornement de son esprit, son aisance
à parler et à frapper, sa facilité à adopter le
goût de chacun, une sorte d'agrément qu'on
trouvait dans sa singularité, le mirent quelque temps fort à la mode. Il a fini par épou-
ser une fille de joaillier Rondé, en quoi il n'y
eut ni disparité, ni mésallience, et par donner

des soupers à la bonne et honorable compagnie. »

Maintenant jetons un regard sur les nobles travaux de ces deux hommes ! Le premier: M. Guizot, commença sa carrière par ce que nous appellerons poliment une désertion a l'ennemi, il insulta la France et exalta Wellington à Gand.

En 1815, il fut l'instigateur des lois prévotales qui frappaient de mort les frères Faucher, Ney, Mouton-Duvernet, Labédoyère et tant d'autres, Il porta à Louis XVIII les conseils du *despotisme*, puis il fut doctrinaire parceque la restauration avait refusé d'abaisser jusqu'à lui, le banc ministériel.

On sait quel fut son rôle en 1830., Il fut avec M. de Broglie le représentant du parti anglais dans le premier ministère. Ministre du 13 mars avec M. Thiers il assista au sac de Transnonain, envoya à Lyon des ordres impitoyables et prononça ces paroles : *Il faut être impopulaire.*

M. Guizot n'a jamais été fidèle qu'à une seule chose, le pouvoir, quand il y est placé. Il tient à son portefeuille comme M. Soult à ses appointements en revanche il à tour a tour trahi, l'Empire et la France, les Bourbons et les Libéraux, la révolution de 1830. — le *Centre* — La coalition parlementaire — et M. Thiers dont il était le subordonné en Angleterre.

En 1840 quand l'europe entière menaçait la France il a dit : *je crains plus le dedans que le dehors.* Il a désavouée M. Dupetit-Thouars, payé l'indemnité Pritchard, sacrifié tous nos intérêts à l'Angleterre, et cherché à couvrir la honte du traité de Tanger par ces mots significatifs *la France est assez riche pour payer sa gloire.* Il a terminé par la justification des atrocités commandées et payées par Metternich. et l'abandon de nos nationaux aux bourreaux de Rosas.—Pourra-t-il aller plus loin?...

Les travaux de M. Thiers ne sont pas moins admirables ! Il a commencé sa vie, par un acte odieux, d'ingratitude envers Manuel. Pour se justifier il a dit : *l'ingratitude est la vertu d'un homme d'état.* collaborateur de Carrel il l'à sacrifié comme M. Laffitto, comme le *National* et comme le *Constitutionnel.*

Ministre du 11 octobre il voulut anéantir toutes les oppositions à l'aide du crime de Fieschi; dans la soirée du 29 juillet il proposa de faire une nouvelle loi des suspects qui permettrait au ministre de l'intérieur, de renvoyer loin de Paris tous les hommes soupçonnés de faire partir des sociétés secrètes. Cette mesure parut trop violente aux ministres. M. Thiers irrité de l'opposition d'Armand Carrel résolut de l'envelopper dans le complot Fieschi :

Carrel avait été passer la journée du 29 juillet à la campagne avec des amis, la nouvelle y arriva dans la soirée ; Carrel partit aussitôt et fut aux bureaux du National rue du Croissant, la police l'épiait, aussi quelques instans après, les agens de M. Thiers se présentèrent dans les bureaux du National et annoncèrent à M. Carrel qu'ils l'arrêtaient comme complice de Fieschi.

— Dites a M. Thiers que je me vengerai. Répondit l'écrivain démocrate.—Il s'est vengé du fond de sa tombe, puisque aujourd'hui M. Thiers est déclaré le complice moral de Lecomte, du moins M. Guizot ne l'a point fai arrêter.

Le lendemain de l'odieuse arrestation de Carrel, M. Thiers répondit en souriant a des personnes qui lui reprochaient cette lâcheté

— « Je ne demande pas mieux de croire que M. Carrel est innocent. Quand il aura prouvé son innocence, nous lui rendrons la liberté, Il faut bien qu'il en coute quelque chose d'être chef de la RÉPUBLIQUE car c'est la RÉPUBLIQUE qui a fait le coup.

Si M. Guizot n'était pas aussi généreux, il pourrait aussi faire arrêter M. Thiers et répondre : je ne demande pas mieux de croire que M. Thiers est innocent. Quand il aura prouvé son innocence, nous lui rendrons la liberté. —Il faut bien qu'il en coute quelque chose d'être chef de *l'opposition*, car c'est *l'opposition* qui à fait le coup. —Le *journal des Débats* ne l'a-t-il pas dit ?

En fesant cela, M. Guizot ne serait certes pas plus odieux que M. Thiers.

Mais continuons : « Le conseil délibera sur les lois de septembre, il était question de changer la majorité du jury. M. Thiers était absent, les ministres étaient divisés, M. Guizot voulait changer la loi, M. de Broglie voulait la maintenir telle qu'en 1851. On remit au conseil du lendemain, M. Thiers y assista et malgré M. de Broglie le conseil se décida à porter l'atteinte la plus grave aux garanties des libertés de la Presse.

M. Thiers a acheté à Deutz la duchesse de Berry. Il a adoré le pouvoir de C. Perrier; partagé avec M. Guizot le système de la paix a tout prix, et de la répression sanglante des troubles populaires;

Oublié et trahi la Pologne, l'Italie et la Belgique;

Attaqué les idées démocratiques :

Béatifié la pensée immuable;

Défendu l'hérédité de la pairie, et les gros traitemens des cumulards;

Rédigé le code draconnien de septembre;

Ainsi, des trois inévitables, MM. Thiers, Guizot et Molé lequel pourrait-on choisir ?

M. Molé a évacué Ancône, signé le traité de la Tafna et payé l'indemnité de St-Jean d'Ulloa. M. Guizot a brocanté notre honneur dans les salons anglais en 1840, signé le traité de Tanger, accepté le droit de visite. Et payé l'indemnité Pritchard.

MM. Guizot Molé et Thiers ont également poursuivi la Presse, et l'on peut dire qu'après le ministère de C. Perrier, ses successeurs ont eu un seul et même système, une idée immuable, qui a maintenu au même point notre politique à l'intérieur et à l'extérieur.

La devise de nos hommes d'états est partout la même :

Omnia serviliter pro dominatione !

MM. Thiers et Guizot se disputent a qui

sera grand visir. Le premier n'est pas moins souple que le second, seulement il est plus jeune et plus brouillon, il aime le pouvoir comme une maitresse, et s'il se fâche quelque fois c'est par dépit quand il croit que l'on à manqué l'heure du rendez-vous.

L'opposition à toujours été dupe de M. Thiers et cela n'était pas étonnant M. Thiers est lui-même sa première dupe. Il se croit Pitt ou Sully ou bien Brutus. Il n'est ni l'un ni l'autre. Et un rayon d'en haut calme bientôt sa fiévreuse colère qui n'est que de l'impatience. En attendant le pays apprend quelques bonnes vérités et c'est toujours ça de gagné.

M. Guizot cache sous un masque austère une obéissance obséquieuse, sous une raideur de Pédogogne la flexibilité d'un courtisan.

L'un veut être le Pitt ou le Walpole

d'un roi-annulé, l'autre veut être à tout prix le Colbert d'un roi, fut-il absolu, comme Louis XIV.

M. Thiers veut quelquefois persuader à la France que la Dynastie Thiers vaut mieux que la Dynastie d'Orléans. M. Guizot accepte toutes les dynasties.

Si l'on pose en principe qu'un roi est l'égal de son premier ministre, on ne peut exiger qu'il vienne après lui. Or, a pouvoir égal, le roi Louis-Philippe est supérieur à sa trinité ministrielle, sinon par les prérogatives, du moins par l'habileté et le talent.

Le gouvernement appartient toujours à celui qui est plus habile et qui a plus de génie que ses égaux. Que devient alors la maxime de M. Thiers ?

Le dialogue suivant nous l'expliquera peut-être. (1)

(1) Nous avons religieusement copié les premiers paris du Journal des Débats et du Constitutionnel, ces sténographes de nos deux comédiens. A eux la gloire du style et des pensées.

Personnages :

MM. THIERS ET GUIZOT

LA FRANCE *au parterre.*

—

M. THIERS.

« Y-a-t-il quelqu'un qui dise ou qui croie que c'est le maréchal Soult ou M. Guizot qui gouverne ? Y a-t-il à Paris quelqu'un qui dise ou croie que la pensée dominante vient des ministres de la Chambre ou du pays ! pour conserver une telle illusion, il faudrait fermer l'oreille, non seulement aux plaintes de l'opposition, mais aux vanteries du parti royaliste courtisan. Ce parti, dans toutes les occasions et par tous ses organes, n'a-t-il pas soin de nous rappeler chaque jour que ceux qui blâment cette politique se mettent en contradiction avec le roi lui-même ? Lisez les harangués et les réponses du 1er janvier et du 1er mai, lisez le dernier discours du trône et la dernière adresse de la Chambre, partout vous verrez la pensée du règne proclamée, exaltée, glorifiée et reportée avec des chants de triomphe à sa véritable origine.

« *Le Journal des Débats* pense-t-il qu'il existe un moyen pour empêcher qu'en définitive la responsabilité morale ne s'adresse là où est le pouvoir ? Que devient donc dans ce système, l'inviolabilité royale, sans la monarchie ne saurait existe ? l'inviolabilité royale, nous le savons, reste écrite dans la loi. Existe-t-elle encore dans les faits... La royauté alors quoi qu'on puisse faire, devient responsable, aux yeux du pays, du *mal* comme du *bien*, des défaites comme des victoires, de la *honte* comme de la *gloire*. Petit à petit, elle voit se ranger parmi ses adversaires, *non seulement* ceux qui préféreraient une autre forme de gouvernement, mais ceux qui désaprouvent, qui condamnent *la politique régnante.*

LA FRANCE (à part).

C'est clair et net et nous savons que, vieil acteur de la comédie constitutionnelle, vous savez ce qu'il en est, toucher à notre tour à cette question serait folie... M. Hébert a de trop bons yeux pour tout ce que nous écrivons. Continuez, je vous prie.

M. THIERS.

« Nous considérons comme les ennemis les

plus dangereux de la monarchie, les ministres qui se font sciemment et volontairement les instruments serviles de la volonté royale... Que les rois, dans tous les pays et à toutes les époques, aient la fantaisie de gouverner cela se conçoit, cela s'excuse. Ce qui est inconcevable et inexcusable, c'est la complicité de certains hommes qui flattent cette fantaisie au lieu de résister, et qui, dans de misérables vues personnelles, trahissent ainsi leur devoir envers le pays, envers la constitution, envers la royauté elle-même. »

LA FRANCE (à part).

Continuez Messieurs, j'aime à m'instruire et je saurai, la vérité quand vous vous serez mutuellement percés à jour.

M. GUIZOT.

« Tirez si vous l'osez la dernière consé-

quence de votre système : allez jusqu'au bout
de votre pensée ! vous êtes partis d'un principe absurde, qui vous mène droit à l'anarchie. Vous n'acceptez ni la responsabilité des
ministres, ni l'arbitrage des chambres ; vous
tombez dans les moyens révolutionnaires ;
vous écartez du débat les ministres qui cou-
vrent le roi, les chambres qui appuient le
ministère, et puis vous vous écriez : le roi est
découvert ! qui le découvre sinon vous ! qui
met la royauté en cause et les institutions en
péril ? »

M. THIERS.

« Il n'y a pour le roi dont la politique a
succombé, que deux rôles possibles : celui
d'un roi vaincu qui se résigne, celui d'un roi
vaincu qui travaille sourdement à prendre sa
revanche. Est-il besoin de dire laquelle des
deux hypothèses est la plus probable ? Quoi !

voilà un roi qui pendant dix ans, *pendant quinze ans*, peut-être aura gouverné *réellement ;* voilà un roi qui, pendant dix ans, pendant quinze ans aura dit *ma* politique, *mon* parti, *mon* ministère ; voilà un roi que la flatterie aura exalté outre mesure et qui en sera venu à croire, comme Louis XIV, que l'État c'est lui, et tout à coup vous lui direz d'abandonner sa politique, son parti, son ministère... Savez-vous alors ce qui arrivera ? S'il s'agit d'une question diplomatique engagée contre son gré, le roi aujourd'hui dans ses conversations avec les ambassadeurs, demain dans ses correspondances secrètes, contredira ses ministres, les affaiblira, les empêchera de réussir. S'il s'agit d'une expédition continentale ou maritime qu'il désapprouve, on verra le roi entrant dans tous les détails, disputer homme par homme, vaisseau par vaisseau, boulet par boulet, et rendre en définitive l'expédition impossible ou inefficace.

S'il s'agit de fonctionnaires à nommer ou à révoquer, le roi voudra discuter longuement, minutieusement chaque nom propre de manière à ce que le temps se passe, à ce que la patience s'épuise, à ce que le gouvernement soit entravé... »

LA FRANCE (à part).

Il me semble que tout cela est un peu bien fort. Ne serait-ce pas un souvenir de l'an 40 ?

M. THIERS.

Le roi règne et ne gouverne pas.

LA FRANCE (à part.)

Il me semble cependant que vous ergotez pour nous prouver le contraire.

M. THIERS.

Le roi règne et ne gouverne pas.

LA FRANCE (à part).

A moins que vous ne soyez son ministre.

M. GUIZOT.

« Aussi ne l'avez-vous jamais pratiquée vous même votre maxime : « le roi ne gouverne pas. » Votre bon sens vous en a fait voir la puérilité dès que vous sortez de l'opposition pour toucher aux affaires sérieuses. Nous aimons mieux expliquer votre conduite que de croire qu'après vous être élevé par votre souplesse, vous vous jugeriez assez fort aujourd'hui pour vous imposer au roi même et aux chambres. »

M. THIERS.

Le roi règne et ne gouverne pas.

M. GUIZOT.

Un prince habile ne viole pas la loi, il gouverne *constitutionnellement.*

M. THIERS.

« La Charte n'est pas violée dans son texte,
elle l'est dans son esprit. Au lieu d'attaquer
la constitution par la force, le gouvernement
l'attaque par la ruse ; il ne fait pas de coups
d'état, il corrompt ; et c'est ainsi que le pouvoir royal a tout envahi. »

M. GUIZOT.

« Nous n'avons qu'un mot à répondre.
Vous prétendez que la Charte est violée in-

directement, et, sous ce prétexte, vous la
violez, vous, directement ; vous anéantissez
son esprit et sa lettre. Car enfin, la lettre de
la Charte dit bien que la personne du roi est
inviolable et sacrée, et son esprit, vous l'a-
vouerez, est assurément de mettre le roi au
dessus des attaques de la tribune et de la
presse.

Cependant, parcequ'il vous a plu d'éri-
ger en maxime d'état que le roi ne doit
pas gouverner, et d'établir en fait que le roi
a un gouvernement personnel, vous vous
croyez dégagé des obligations que la Charte
vous impose envers la Royauté !... Vous nous
demandez si nous croyons impossible, qu'une
constitution, sans être violée matériellement.
le soit dans son esprit? Non sans doute, cela
n'est pas impossible. La nôtre le serait le
jour où un ministre factieux, abusant d'une
majorité surprise, prétendrait écarter le roi

du gouvernement, et, sur les trois pouvoirs établis par la Charte, essaierait d'en annuller un, le pouvoir royal. »

M. THIERS.

« Mais si le pouvoir royal agit en politique par un ministère qui le représente ; il est absurde de supposer que ce cabinet veuille s'annuler lui-même. »

M. GUIZOT.

« Dans ce cas vous avez intérêt à posséder un roi imbécille (1).

M. THIERS.

« Les rois de génie sont fort rares, les »

(1) Nous avons plus que jamais besoin de dire que nous citons fidèlement les Débats et le Constitutionnel, mais

Avec qu'elle irrévérence parlent des Dieux ces marauds.

rois sages plus rares encore. Prenez la liste
des rois de France de Henri IV à Charles X.
Combien y en a-t-il par lesquels on voulut
être gouverné ? Henri IV lui-même, quand
Sully ne se fâchait pas, faisait des fautes
étranges, et Louis XIV après Colbert et Lou-
vois, gaspilla les finances de la France, et
compromit gravement sa puissance militaire.
Les rois médiocres sont l'ordinaire, et c'est
pour cela qu'on a imaginé l'institution qui met
à côté du roi héréditaire une administration
élective qui le couvre, mais à condition d'a-
gir à sa place. Que cette institution ne plaise
pas à tout le monde, nous le comprenons.
Nous croyons pourtant que pour faire accep-
ter l'hérédité dans le siècle où nous sommes,
il n'est pas d'autre moyen. »

M. GUIZOT.

« Nous ne contestons pas au *Constitu-*

tionnel et à M. Thiers qui ne gouvernerait pas serait moins exposé qu'un roi qui gouverne à la fureur des partis, il y aurait un moyen encore plus simple de prévenir les attentats : *ce serait de n'avoir pas de roi du tout.* »

M. THIERS.

« (1) Capable ou non, sensé ou idiot, homme fait enfant ou vieillard, le roi ne doit point gouverner ;... Ce que nous voulons c'est que, intelligent ou non, le roi se borne à être le roi et ne se fasse pas chef de parti. Ce que nous voulons, c'est que les Chambres, c'est que le pays soient appelés à juger la politique du ministère, non la politique du roi. Ce que nous voulons, enfin, c'est le gouvernement représentatif tel que la France le vou-

(1) CONSTITUTIONNEL du 6 mai.

4

lait en 1830, tel que l'Angleterre le pratique, et non un gouvernement représentatif bâtard, inventé quelques courtisans, et dont M. « Guizot, après l'avoir énergiquement com- « battu en 1839, s'est fait platement aujour- « d'hui l'éditeur responsable. »

« En Angleterre, pendant le dernier siècle, tous les rois ont été les plus médiocres des hommes, et l'Angleterre a compté trois ou quatre grands ministres. Qui donc eût voulu « être gouverné par les trois Georges plutôt que par Walpole, par lord Chatam et par le second Pitt? — Ce n'est pas que les trois George n'eussent aussi quelques fois la *fantaisie* de gouverner par eux mêmes, mais grâce à l'énergie persévérante des parlementaires anglais, cette fantaisie était bientôt réprimée. »

M. GUIZOT.

« Entre un roi capable et un roi en de-

mence, les partisans de la théorie de M.
Thiers, entraînés par l'irrésistible logique
préfèrent le roi fou.

LA FRANCÊ.

Lisant un écrit de M. Thiers daté de 1831.

« Nous avons fort bien fait de chasser du
trône un vieillard passant de la messe à la
chasse pour le remplacer par un prince grave, simple, éclairé, éloquent, connaissant
hommes et choses, surprenant les envoyés de
toutes les villes par sa connaissance des intérêts généraux du pays, comme des intérêts
de la moindre des localités. »

Voyons encore : M. Thiers accuse, et dit
que les majorités peuvent tre corrompues
et vénales, si cela était ? — Le pouvoir royal
seraitplus grand aujourd'hui qu'au 17e siècle !
— Le roi étant inviolable, irresponsable

nommant ses pairs et ses ministres et fesant nommer à son gré ses députés — C'est-à-dire réunissant en lui seul tous les pouvoirs, il pourrait dire alors avec plus de vérité que Louis XIV.

L'Etat c'est moi !

Mais voici l'opinion de M. Thiers en 1831 ;
« Pourvu qu'on assemble des électeurs, qu'on leur demande des députés, et qu'on obéisse à la majorité qu'ils ont donnée, quelle que soit la combinaison électorale, la majorité est la bonne est la seule souveraine »

M. GUIZOT.

« L'indépendance de M. Thiers ne serait pas plus difficile à contester que celle de M. Guizot; M. Thiers ne serait pas plus indé-pendant, j'imagine qu'il ne l'a été dans ses précédens ministères. M. Thiers n'en est pas

à son coup d'essai ministériel ; on ne nous
fera pas croire que ce chef altier du la nouvelle opposition, que cet associé de M. Odi-
lon Barrot, que ce tribun qui aime à porter
haut ses coups, n'ait été qu'un ministre courtisan pendant tant d'années ! Et néanmoins
est-ce qu'on attaquait pas le roi quand M.
Thiers était ministre ? alors comme aujour-
d'hui, le gouvernement personnel ne four-
nissait-il pas un commode moyen de prendre
le roi à partie et de violer la charte en sû-
reté de conscience ? qu'en pensait M. Thiers
à cette époque ?.., Pourquoi a-t-il proposé
les lois de septembre. »

LA FRANCE, (à part).

C'est finir par une ingratitude ; il ne manquait à M. Thiers que le reproche *des Débats*, décidément les journalistes n'ont pas la
mémoire de la poche.

M. GUIZOT.

« La chose la plus difficile du monde serait assurément d'empêcher un roi d'avoir son avis sur le gouvernement en supposant surtout que ce roi fut un prince habile, éclairé, capable, le plus capable peut-être de son royaume.... Nous prierons ce journal (*le Constitutionnel*) de nous trouver une personne en France, une seule personne qui pense que les choses en auraient été mieux depuis seize ans si, au lieu d'être *gouvernés* par un roi *Constitutionnel* nous l'avions été par un ministre autocrate, et que ce ministre se f   appelé M. Thiers. »

M. THIERS.

Le roi règne et ne gouverne pas.

M. GUIZOT. (d'un ton doctoral.)

« Le pays veut... le roi agit.

CHOEUR DE COURTISANS.

Le roi gouverne.

CHOEUR D'OPPOSANT DYNASTIQUES.

Le roi règne.

LA FRANCE.

Le roi règne et gouverne.

UNE VOIX (d'en haut).

Silence !!!

Malheureusement ce dernier mot était venu trop tard. Tout était dit. M. Thiers par l'organe du *Constitutionnel* avait fait une distinction peu respectueuse entre la *politique légitime* et la politique *parvenue* : il avait même osé ressusciter un article de la *Quotidienne* de 1829. Et avait prouvé que sous le manteau des *Débats* M. Guizot était plus royaliste que M. de Polignac.

En 1829 les légitimistes soutenaient aussi que le roi devait règner et gouverner en restant irresponsable et infaillible.

En 1829 les ultras royalistes soutenaient que le roi était irresponsable parcequ'il était guidé par sa *vertu* et sa *conscience* aujourd'hui les ultras royalistes soutiennent que le roi est infaillible parceque sa *capacité* ne peut être mise en doute. Nous croyons que la conscience et la vertu mises dans le plateau doivent le faire pencher et que la capacité est un faible contre poids. Nous faisons même remarquer que nous ne nions pas plus la conscience et la vertu de Charles X que la capacité du roi Louis-Philippe.

Nous faisons même une nouvelle déclaration, c'est que *l'infaillibilité* royale est par nous reconnue chez tous les peuples de l'Europe par les rois, leurs ministres et leurs agens, les Russes reconnaissent l'infaillibilité du czar, les Autrichiens celle de leur Empereur et plus encore celle de Metternich. le roi de Prusse est infaillible à Berlin, le pape ne peut faillir... A Rome et Christine est impécable à Madrid. Quand à la reine d'Angleterre, je suis trop galant pour ne pas déclarer qu'elle est irresponsable et infaillible parceque'elle ne gouverne pas et que M. le prince Albert n'est que le mari de la reine, c'est-à-dire le *Warwivk* de l'Angleterre à la différence que Warwick fesait des rois en déposant la couronne sur le front de tel ou tel prince, tandis que M. Albert les *crée* avec les gracieuse permission de Milady Victoria.

Il y a peut-être encore en France bien des gens qui croient à la souveraineté du peuple, sans savoir ce que c'est; à ceux là donnez pour hochet la maxime creuse de M. Thiers. « le roi règne et ne gouverne pas ! » Puisqu'ils veulent une liberté de mots, qu'on leur en donne une, mais à ceux qui veulent la souveraineté du peuple. Parcequ'ils la connaissent, parceque c'est leur espérance et leur foi. des maximes innexplicables ne sont pas ce qu'il faut... La souveraineté nationale, sans cesse calomniée, est pour d'autres un épouvantail, son règne doit ramener suivant eux, une nouvelle terreur, Ils disent à tous et partout que la souveraineté du peuple n'est pas autre chose que l'anarchie et le renversement général des lois et de l'ordre social. Suivant nous la souveraineté nationale est indivisible et impérissable, elle peut s'abdiquer au profit de personne, elle appartient à la nation mais à la nation toute entière, sans exclusion aucune et sans bornes, le gouvernement qu'el qu'il soit n'est alors qu'une forme, un ressort, qui ne peut aliéner en rien la volonté du peuple souverain. Le chef du gouvernement est alors le préposé de la nation, la souveraineté du peuple n'a au dessus d'elle que celle de Dieu. Elle est impérissable et légitime, on peut la renverser, l'enchaîner, l'annuller un instant, Mais la détruire jamais. Car les gouvernemens périssent, les dynasties disparaissent, mais les peuples ne meurent pas parcequ'ils ont eu eux deux principes immortels, La souveraineté et la nationalité.

En France la souveraineté du peuple est inscrite sur les pages du livre de l'avenir, et ces pages nul ne sera assez puissant pour les arracher.

C'est notre religion, notre foi et notre espérance, elle nous donne la force de combattre, elle nous donnera celle de vaincre et nous suivra dans la tombe.

La souveraineté du peuple n'est pas autre

chose que le gouvernement de la nation par la nation. Les députés doivent être les mandataires du peuple, mais du peuple entier, les mandataires des deux cents mille privilégiés ne représentent pas 35 millions d'hommes, or, le peuple n'est souverain qu'alors qu'il gouverne par ses mandataire, la révolution de 1789 avait aboli les classes de citoyens, l'aristocratie de l'argent les a reconstituées, Une seule classe participe aujourd'hui au pouvoir, elle seule à des mandataires elle seule est représentée et je dis qu'entre son pouvoir et le pouvoir royal, le pouvoir royal est préférable.

Ce que nous voulons avant tout c'est la sincérité du gouvernement; nous voulons autre chose que des mots, autre chose qu'un gouvernement représentatif qui ne représente rien, autre chose qu'une *entente cordiale* qui est un mensonge, qu'un bon marché qui nous ruine, qu'un régime qui accepte toutes les hontes si elle sont accomplies et qu'une France qui, en face d'un souverain barbare, cède aux ordres de l'Angleterre et se déclare assez riche pour payer sa gloire !

MM. Thiers et Guizot veulent en vain nous abuser par des sophismes ; ils n'ont pas de principes. ils veulent le pouvoir pour le pouvoir, et tous deux le recevraient également d'en haut ou d'en bas, seulement M. Guizot fait par haine contre la révolution, ce que M. Thiers fait par faiblesse.

La responsabilité du roi ne peut-être discutée qu'il règne ou qu'il gouverne.

La responsabilité ministérielle est un vain mot, les ministres ne sont responsables que devant le peuple, les élus du monopole ne le représentant pas, ne peuvent agir en son nom, la majorité gouverne la Chambre, tandis que la minorité gouverne le pays, et encore cette minorité est elle même subornée et enlacée dans les lieus des intérêts matériels. la Chambre des députés semble être habituée aux mots de *corruption* et de *vénalité*, le principe de l'élection est faussé avec audace, les ministres se servent du pouvoir pour corrompre, l'école de Walpole est en pleine prospérité, un ministre accable ses électeurs de faveurs et d'emplois et leur dit ensuite avec ironie : *Vous sentez-vous corrompus ?* Si tout cela constitue un gouvernement représentatif. Nous ne nous sentons pas la force de l'envier, et de nous ranger sous le drapeau des compétiteurs parlementaires.

Le lecteur de cette brochure décidera lui-même si le roi règne ou s'il gouverne.

Nous voudrions bien prouver si, dans ce dernier cas, il est responsable ? Mais........

. . . .

Un journal dynastique redigé avec talent (1) dit :

« La théorie constitutionnelle qui prétend concilier tous les pouvoirs dans un ensemble harmonique, n'est qu'une déception toujours démentie par l'inexorable loi de l'unité. En Angleterre, c'est l'aristocratie qui gouverne ; *En France, c'est la Royauté,* parceque l'aristocratie est morte et que la démocratie n'est pas constituée. »

D'après cette opinion le roi Louis-Philippe serait le régent de la démocratie comme M. de Nemours est celui du comte de Paris.

Nous croyons fort peu aux régents.

Enfin les journaux dynastiques trouvent que le roi gouvernant, si l'opinion des Chambres lui est contraire, il doit abdiquer. — à

(1) Le COURRIER FRANÇAIS.

moins qu'il ne préfère se passer de l'avis des Chambres.

La théorie de M. Thiers est vraie comme fiction Constitutionnelle.

Celle de M. Guizot est vraie comme fait. Or, nous vivons sous le règne des faits accomplis. Ce qui ne nous empêchera pas de dire et de croire que: *le roi régne él ne gouverne pas.*

FIN.